CB136218

LIGAMUNDO

HISTÓRIA

ALEXANDRE ALVES
LETÍCIA FAGUNDES DE OLIVEIRA

CADERNO DE ATIVIDADES

NOME: ______________________________ TURMA: ________

ESCOLA: ______________________________

1º ano
Ensino Fundamental • Anos Iniciais

Editora Saraiva
São Paulo – 1ª edição – 2018

Editora Saraiva

Direção geral: Guilherme Luz
Direção editorial: Luiz Tonolli e Renata Mascarenhas
Gestão de projeto editorial: Tatiany Renó
Gestão e coordenação de área: Wagner Nicaretta (ger.) e Brunna Paulussi (coord.)
Edição: Érica Lamas
Gerência de produção editorial: Ricardo de Gan Braga
Planejamento e controle de produção: Paula Godo, Roseli Said e Marcos Toledo
Revisão: Hélia de Jesus Gonsaga (ger.), Kátia Scaff Marques (coord.), Rosângela Muricy (coord.), Hires Heglan, Larissa Vazquez, Patrícia Travanca e Rita de Cássia C. Queiroz
Arte: Daniela Amaral (ger.), Claudio Faustino (coord.), Meyre Diniz e Simone Aparecida Zupardo Dias (edição de arte)
Diagramação: MRS Editorial
Iconografia: Sílvio Kligin (ger.), Denise Durand Kremer (coord.), Monica de Souza/Tempo Composto e Thaisi Lima (pesquisa iconográfica)
Licenciamento de conteúdos de terceiros: Thiago Fontana (coord.), Luciana Sposito (licenciamento de textos), Erika Ramires, Luciana Pedrosa Bierbauer, Luciana Cardoso e Claudia Rodrigues (Analistas Adm.)
Tratamento de imagem: Cesar Wolf, Fernanda Crevin
Ilustrações: André Valle, Claudia Marianno, Milton Rodrigues Alves, Rodrigo Arraya e Simone Ziasch
Design: Gláucia Correa Koller (ger.), Flavia Dutra (proj. gráfico), Talita Guedes da Silva (capa) e Gustavo Natalino Vanini (assist. arte)

Todos os direitos reservados por Saraiva Educação S.A.
Avenida das Nações Unidas, 7221, 1º andar, Setor A –
Espaço 2 – Pinheiros – SP – CEP 05425-902
SAC 0800 011 7875
www.editorasaraiva.com.br

2020
Código da obra CL 800664
CAE 627966 (AL) / 627967 (PR)
1ª edição
1ª impressão

COPIA NÃO AUTORIZADA É CRIME
ABDR
RESPEITE O DIREITO AUTORAL

Impressão e acabamento: Gráfica Eskenazi

Uma publicação SOMOS EDUCAÇÃO

APRESENTAÇÃO

ESTE É O SEU CADERNO DE ATIVIDADES.

NELE, VOCÊ VAI ENCONTRAR MAIS DESAFIOS PARA AJUDAR A AMPLIAR SEUS CONHECIMENTOS E OS CONTEÚDOS TRATADOS NO LIVRO.

BOM TRABALHO E VAMOS LÁ!

Biry Sarkis/Arquivo da editora

SUMÁRIO

Ilustrações: Biry Sarkis/Arquivo da editora

CONHECENDO VOCÊ

QUEM É VOCÊ?

1 LIGUE OS BALÕES DE FALA A CADA CRIANÇA.

EU SOU O CAIO. MORO NO BRASIL. GOSTO DE COMER ARROZ-DOCE E DE NADAR COM MEUS AMIGOS.

SOU A MIKA. MORO NO JAPÃO. EU GOSTO MUITO DE DESENHAR COM MINHA IRMÃ.

MEU NOME É OLU. MORO EM BURUNDI, UM PAÍS DA ÁFRICA. GOSTO DE LER E DE DANÇAR.

EU SOU A GISELE. MORO NO CANADÁ E GOSTO MUITO DE BRINCAR COM MEUS AMIGOS DA ESCOLA.

Patsuda Paramee/Shutterstock

Denis Kuvaev/Shutterstock

André Dib/Pulsar Imagens

Frank May/Picture Alliance/Agência France-Press

2 OBSERVE A ILUSTRAÇÃO E CIRCULE QUATRO CRIANÇAS DE ACORDO COM AS DESCRIÇÕES ABAIXO.

- BIA É A MAIS ALTA DOS AMIGOS. ELA ADORA BRINCAR COM BOLA.
- CAIO GOSTA DE COMER PIPOCA QUANDO VAI AO PARQUE.
- NINA GOSTA DE ANDAR DE *SKATE*.
- ALDO ADORA CACHORROS E LEVA SEMPRE O SEU PARA PASSEAR NO PARQUE.

Claudia Marianno/Arquivo da editora

3 CADA CRIANÇA TEM SEU PASSATEMPO PREFERIDO. QUAL É O SEU?

HISTÓRIAS DE FAMÍLIAS

4 LEIA UM TRECHO DO DIÁRIO DE LÍGIA.

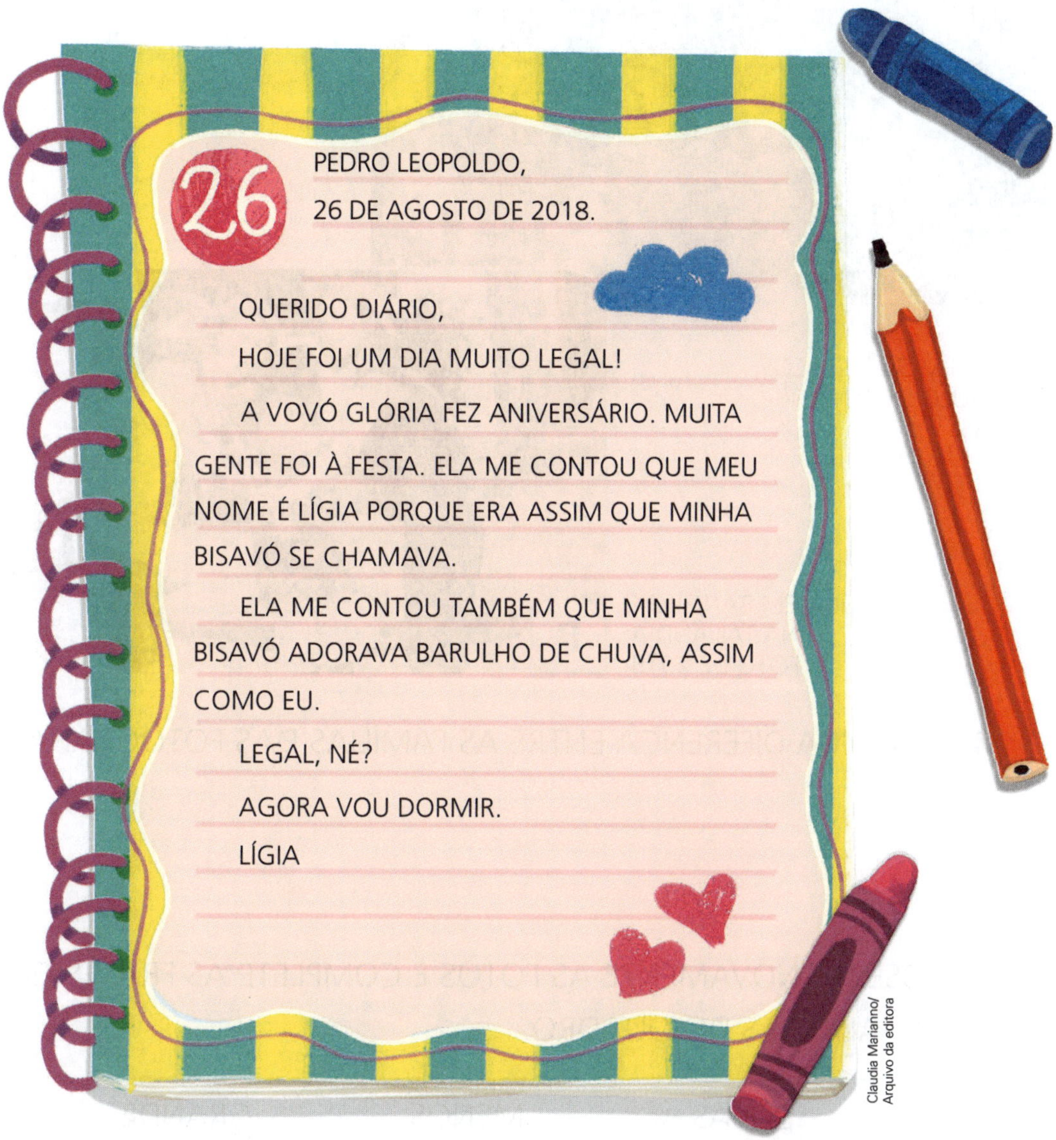

26

PEDRO LEOPOLDO,
26 DE AGOSTO DE 2018.

QUERIDO DIÁRIO,

HOJE FOI UM DIA MUITO LEGAL!

A VOVÓ GLÓRIA FEZ ANIVERSÁRIO. MUITA GENTE FOI À FESTA. ELA ME CONTOU QUE MEU NOME É LÍGIA PORQUE ERA ASSIM QUE MINHA BISAVÓ SE CHAMAVA.

ELA ME CONTOU TAMBÉM QUE MINHA BISAVÓ ADORAVA BARULHO DE CHUVA, ASSIM COMO EU.

LEGAL, NÉ?

AGORA VOU DORMIR.

LÍGIA

Claudia Marianno/Arquivo da editora

A) GRIFE NO TEXTO UMA DESCOBERTA DE LÍGIA SOBRE A PRÓPRIA HISTÓRIA E DE SUA FAMÍLIA.

B) ALÉM DO NOME, O QUE A MENINA E A BISAVÓ TÊM EM COMUM?

....

....

5 **OBSERVE AS FOTOGRAFIAS DE DUAS FAMÍLIAS: UMA NO PASSADO E OUTRA NO PRESENTE.**

Reprodução/Arquivo do Centro de Estudos da Casa do Pinhal, São Carlos, SP

A

FAMÍLIA EM SÃO CARLOS, SÃO PAULO. FOTO DE 1885.

Nattaro Ohe/Shutterstock

B

FAMÍLIA EM BANGKOK, NA TAILÂNDIA. FOTO DE 2018.

A) CITE UMA DIFERENÇA ENTRE AS FAMÍLIAS DAS FOTOGRAFIAS.

....

....

B) OBSERVE NOVAMENTE AS FOTOS E COMPLETE AS FRASES COM AS PALAVRAS DO QUADRO.

SÉRIAS	MENOS	GRANDE

- A FOTOGRAFIA **A** MOSTRA UMA FAMÍLIA ....
- NO PASSADO, AS PESSOAS COSTUMAVAM POSAR .... PARA OS FOTÓGRAFOS.

NO PRESENTE, AS FAMÍLIAS SÃO .... NUMEROSAS E ELAS PRÓPRIAS TIRAM SUAS FOTOGRAFIAS.

MEU PAPEL NA FAMÍLIA

6 MARQUE COM **X** A ATIVIDADE QUE NÃO FAZ PARTE DO CONJUNTO.

A) ATIVIDADES QUE AS CRIANÇAS FAZEM NA ESCOLA.

Ilustrações: Claudia Marianno/Arquivo da editora

B) ATIVIDADES QUE AS CRIANÇAS FAZEM EM CASA.

Ilustrações: Claudia Marianno/Arquivo da editora

C) ESCREVA UMA ATIVIDADE QUE VOCÊ COSTUMA FAZER NA ESCOLA.

....

D) ESCREVA UMA ATIVIDADE QUE VOCÊ COSTUMA FAZER EM CASA.

....

A VIDA EM NOSSA MORADIA

7 OBSERVE AS FOTOGRAFIAS E LEIA AS LEGENDAS.

Tom Wang/Shutterstock

NA CASA DE MAYUMI, TODOS COMEM COM PALITINHOS CHAMADOS *HASHIS*.

Gerson Gerloff/Pulsar Imagens

RAONI APRENDEU A USAR FLECHA E A PESCAR COM O PAI. EM SUA ALDEIA, TODOS APRENDEM UNS COM OS OUTROS.

- AGORA É SUA VEZ! ESCREVA ALGO QUE APRENDEU COM SUA FAMÍLIA E FAÇA UM DESENHO PARA REPRESENTAR.

JEITOS E LUGARES DE VIVER

8 OBSERVE A FAMÍLIA REPRESENTADA NA PINTURA.

Reprodução/Acervo da artista

FAMÍLIA, DE LUCIANA MARIANO, 2006 (ACRÍLICO SOBRE TELA, DE 50 CM × 40 CM).

A) ESSA FAMÍLIA É FORMADA POR QUANTAS PESSOAS?

☐ 2 ☐ 3 ☐ 4

B) NESSA FAMÍLIA HÁ QUANTOS ADULTOS? E QUANTAS CRIANÇAS?

ADULTOS ☐

CRIANÇAS ☐

C) ESSA FAMÍLIA TEM:

☐ MAIS ADULTOS. ☐ MAIS CRIANÇAS.

D) QUANTAS PESSOAS FORMAM SUA FAMÍLIA? ☐

9 **LEIA OS DEPOIMENTOS E DESCUBRA QUAL É A CASA DE CADA CRIANÇA.**

MEU NOME É ANA. NA MINHA CIDADE FAZ MUITO FRIO. MINHA CASA É FEITA DE MADEIRA. AO LADO, TEM UM BALANÇO VERMELHO.

EU ME CHAMO IVO. MINHA CASA TEM DOIS ANDARES. AS PAREDES SÃO AMARELAS E EU TENHO VÁRIOS VIZINHOS. A CASINHA DO MEU CACHORRO PIPOCA FICA NA FRENTE. EU PINTEI A CASA DELE IGUAL À MINHA.

Ilustrações: Simone Ziasch/ Arquivo da editora

CASA DE ....   CASA DE ....

APRENDER E BRINCAR

É HORA DE APRENDER

1 OBSERVE A AGENDA DE SAULO E AS ATIVIDADES QUE ELE FEZ DURANTE A SEMANA.

Ilustrações: Rodrigo Arraya/ Arquivo da editora

A) EM QUAL DIA DA SEMANA SAULO FOI À ESCOLA E AO PARQUE?

....

B) EM QUAIS DIAS DA SEMANA ELE NÃO FOI À ESCOLA?

....

C) O QUE SAULO FEZ NOS DIAS EM QUE NÃO FOI À ESCOLA?

....

2 ESCREVA O NOME DOS ESPAÇOS REPRESENTADOS ABAIXO.

Ilustrações: Claudia Marianno/Arquivo da editora

- ESSES ESPAÇOS FAZEM PARTE:

☐ DAS MORADIAS. ☐ DAS ESCOLAS.

3 ENCONTRE NO DIAGRAMA ALGUMAS ATIVIDADES REALIZADAS NA ESCOLA.

B	E	C	O	N	V	E	R	S	A	R	M
M	S	D	E	I	R	A	O	V	N	M	A
T	C	U	D	E	S	E	N	H	A	R	R
E	R	R	O	J	A	R	T	L	D	S	P
R	E	R	R	O	B	R	I	N	C	A	R
O	V	A	A	G	P	U	J	A	R	A	U
M	E	R	V	A	E	N	O	I	A	R	T
L	R	M	O	R	G	D	L	G	L	E	R

4 PINTE OS QUADRINHOS COM LÁPIS COLORIDO DE ACORDO COM AS LEGENDAS ABAIXO.

OBJETOS USADOS NA MORADIA.

OBJETOS USADOS NA ESCOLA.

Ilustrações: Claudia Marianno/Arquivo da editora

5 LEIA A TIRINHA DE CALVIN E RESPONDA ÀS PERGUNTAS ASSINALANDO COM UM **X**.

Calvin & Hobbes, Bill Watterson © 1986 Watterson/Dist. by Andrews McMeel

A) O QUE CALVIN VAI FAZER?

- [ ] PLANTAR UMA HORTA.
- [ ] PARTICIPAR DE UMA PEÇA DE TEATRO.

B) QUE PERSONAGEM CALVIN VAI INTERPRETAR?

- [ ] UMA CEBOLA.
- [ ] UMA MAÇÃ.

C) ONDE CALVIN VAI SE APRESENTAR?

- [ ] EM CASA.
- [ ] NA ESCOLA.

D) QUAL É O TEMA DA PEÇA TEATRAL?

- [ ] BRINCADEIRAS.
- [ ] ALIMENTOS.

A ESCOLA EM OUTROS TEMPOS

6 LEIA O QUE DONA EMÍLIA CONTOU SOBRE SUA EXPERIÊNCIA NA ESCOLA HÁ MUITOS ANOS.

> A MINHA IRMÃ FEZ O UNIFORME [...] E MEU PAI ME ARRUMOU UM CADERNO [...] E UM LÁPIS. [...]. AH, MEU PRIMEIRO DIA, QUE GOSTOSO. EU LEMBRO TUDO. A [PROFESSORA] ENTROU ASSIM NA SALA DE AULA, MANDOU TODO MUNDO SE LEVANTAR. [...] A GENTE SE LEVANTOU, [...] ELA FALOU: "BOM DIA, CRIANÇAS. A PARTIR DE HOJE VOCÊS VÃO ESTUDAR AQUI, VAMOS NOS DAR MUITO BEM E VOCÊS VÃO GOSTAR DA ESCOLA". ELA JÁ COMEÇOU A EXPLICAR AS COISAS, TUDO, COMO SERIA. JÁ NO PRIMEIRO DIA ELA JÁ TOCOU PIANO [...] E CANTOU MUSIQUINHA DE CRIANÇA PARA A GENTE. [...]

MUSEU DA PESSOA. DISPONÍVEL EM: <www.museudapessoa.net/pt/conteudo/historia/dona-emilia---uma-caminhada-com-suavidade-e-sabedoria-126210>. ACESSO EM: MARÇO DE 2018.

A) DE ACORDO COM O TEXTO, O QUE DONA EMÍLIA ACHOU DO SEU PRIMEIRO DIA DE AULA? ....

B) COMPARE AS CARACTERÍSTICAS DA ESCOLA DE DONA EMÍLIA E DA SUA ESCOLA. RESPONDA **SIM** OU **NÃO**.

	DONA EMÍLIA	VOCÊ
USA UNIFORME		
USA CADERNO E LÁPIS		
CANTA MÚSICA		

C) QUAIS MATERIAIS DONA EMÍLIA LEVOU NO PRIMEIRO DIA DE AULA?

Wuttichok Panichiwarapun/Shutterstock

Scanrail1/Shutterstock

Andifo/Shutterstock

kunchit jantana/Shutterstock

É HORA DE BRINCAR

7 OBSERVE A FOTOGRAFIA E LEIA A LEGENDA.

Folhapress/Folhapress

CRIANÇAS BRINCANDO DE BOLA EM LOUVEIRA, SÃO PAULO. FOTO DE 1963.

A) ESSA FOTOGRAFIA É DO PASSADO OU DO PRESENTE?

....

B) DO QUE AS CRIANÇAS ESTÃO BRINCANDO?

....

C) VOCÊ COSTUMA BRINCAR DISSO?

....

D) PODEMOS DIZER QUE ESSA BRINCADEIRA É DO PASSADO E DO PRESENTE?

....

....

FESTA, BRINCADEIRA E TRADIÇÃO

É HORA DE SE DIVERTIR!

1 ENCONTRE NO DIAGRAMA O NOME DOS SEGUINTES BRINQUEDOS.

Arctos/Shutterstock

Only Fabrizio/Shutterstock

Zefirova Ekaterina/ Shutterstock

jannoon028/Shutterstock

Gena73/Shutterstock

robtek/Shutterstock

M	B	B	O	L	A	A	O	V	I	M	A
T	O	U	U	E	C	O	R	D	A	R	R
E	N	R	O	C	A	R	R	I	N	H	O
R	E	R	R	H	M	R	I	A	C	A	U
O	C	A	V	I	D	E	O	G	A	M	E
V	A	D	B	I	C	I	C	L	E	T	A

- CIRCULE AS FOTOS DOS BRINQUEDOS USANDO AS CORES DA LEGENDA.

BRINQUEDOS QUE EXISTEM HÁ MUITO TEMPO.

BRINQUEDOS MODERNOS.

2 OBSERVE ESTA FOTOGRAFIA E LEIA A LEGENDA.

Sergio Pedreira/Pulsar Imagens

CRIANÇAS BRINCANDO DE BOLINHA DE GUDE EM SANTALUZ, NO ESTADO DA BAHIA, 2018.

A) DO QUE AS CRIANÇAS ESTÃO BRINCANDO?

....

B) ESSA FOTOGRAFIA É ANTIGA OU É ATUAL?

☐ ANTIGA ☐ ATUAL

3 SIGA AS SETAS CONFORME O **QUADRO A** E DESCUBRA, NO **QUADRO B**, O NOME DE DUAS BRINCADEIRAS.

QUADRO A

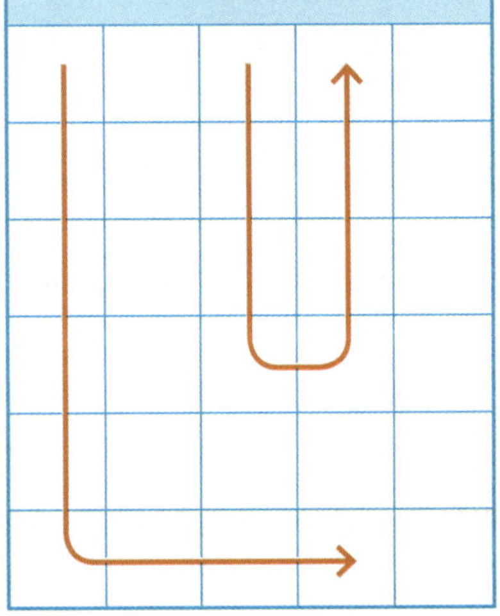

QUADRO B

A	Q	Q	A	W
M	-	U	D	-
A	E	E	A	F
R	R	I	M	X
E	Z	-	G	H
L	I	N	H	A

- QUAIS SÃO OS NOMES DAS BRINCADEIRAS QUE VOCÊ DESCOBRIU?

....

4 LEIA A TIRINHA ABAIXO.

DISPONÍVEL EM: <http://universomutum.blogspot.com.br/2017/10/tirinha-0220.html>. ACESSO EM: ABRIL DE 2018.

- LENDO A TIRINHA, PODEMOS PERCEBER QUE:

  - [ ] O MENINO NÃO COSTUMA BRINCAR SOZINHO.
  - [ ] O MENINO BRINCA COM JOGOS ELETRÔNICOS E ASSISTE À TELEVISÃO.
  - [ ] O MENINO NÃO COSTUMA BRINCAR AO AR LIVRE COMO AS OUTRAS CRIANÇAS.

5 QUAL É SEU BRINQUEDO OU SUA BRINCADEIRA PREFERIDOS? DESENHE NO ESPAÇO ABAIXO.

6 LEIA A LETRA DA CANÇÃO ABAIXO.

ANIVERSÁRIO

HOJE EU SINTO QUE CRESCI BASTANTE
HOJE EU SINTO QUE ESTOU MUITO GRANDE
SINTO MESMO QUE SOU UM GIGANTE
DO TAMANHO DE UM ELEFANTE

É QUE HOJE É MEU ANIVERSÁRIO
E QUANDO CHEGA MEU ANIVERSÁRIO
EU ME SINTO BEM MAIOR, BEM MAIOR
BEM MAIOR, BEM MAIOR
DO QUE EU ERA ANTES

PAULO TATIT E LUIZ TATIT. ANIVERSÁRIO.
INTÉRPRETES: SANDRA PERES E PAULO TATIT.
CD **CANÇÕES DE BRINCAR**. PALAVRA CANTADA, 1996.

Milton Rodrigues Alves/
Arquivo da editora

A) CONTORNE NO TEXTO OS TRECHOS QUE REVELAM OS SENTIMENTOS DA CRIANÇA.

B) POR QUE ALGUMAS CRIANÇAS SE SENTEM ASSIM?

- [ ] PORQUE ELAS PERCEBEM QUE SÃO MENORES QUE ANTES DO ANIVERSÁRIO.
- [ ] PORQUE NESSE DIA ELAS PERCEBEM QUE CRESCERAM BASTANTE.

C) ANOTE NO ESPAÇO ABAIXO O DIA E O MÊS DO SEU ANIVERSÁRIO.

BRINCADEIRA DE RUA

7 COMPLETE AS FRASES COM AS PALAVRAS OU EXPRESSÕES DOS QUADROS ABAIXO.

CARRINHO DE ROLIMÃ	ROLAR PNEU	BAMBOLÊ

A) 

Adam Jan Figel/Shutterstock

LUGAZI, UGANDA. FOTO DE 2017.

AS CRIANÇAS ESTÃO BRINCANDO DE ______________.

B) 

Kieu images/Shutterstock

PROVÍNCIA DE LAO CAI, VIETNÃ. FOTO DE 2015.

OS MENINOS ESTÃO BRINCANDO DE ______________.

C) 

CatherineL-Prod/Shutterstock

PONDICHERRY, ÍNDIA. FOTO DE 2017.

A MENINA ESTÁ BRINCANDO DE ______________.

8 NESTE QUEBRA-CABEÇA FALTA UMA PEÇA.

Reprodução/Museu de Arte Moderna, Rio de Janeiro, RJ.

RODA, DE MILTON DA COSTA, 1942 (ÓLEO SOBRE TELA, DE 59 CM × 71 CM).

A) MARQUE COM UM **X** A PEÇA QUE FALTA.

B) QUE BRINCADEIRA ESTÁ REPRESENTADA NA IMAGEM?

....

C) VOCÊ JÁ BRINCOU DE RODA? QUE CANTIGA COSTUMA CANTAR NESSA BRINCADEIRA?

....

FESTAS E TRADIÇÕES

9 OBSERVE A IMAGEM ABAIXO.

João Prudente/Pulsar Imagens

QUADRILHA EM BUENO BRANDÃO, MINAS GERAIS. FOTO DE 2016.

A) QUE FESTA ESTÁ REPRESENTADA NA FOTOGRAFIA?

....

B) ASSINALE OS ELEMENTOS PRESENTES NA IMAGEM QUE AJUDAM VOCÊ A IDENTIFICAR ESSA FESTA.

- [ ] ROUPAS TÍPICAS
- [ ] DANÇA
- [ ] BANDEIRINHAS
- [ ] COMIDA

10 **DESCUBRA O NOME DE UMA FESTA BRASILEIRA. ESCREVA A PRIMEIRA LETRA DE CADA FIGURA E DECIFRE O ENIGMA.**

Ilustrações: Milton Rodrigues Alves/Arquivo da editora

....

UM MUNDO QUE NÃO PARA

TRABALHO E LAZER

1 LIGUE OS PROFISSIONAIS ÀS IMAGENS CORRETAS.

Aaron Amat/Shutterstock

JÚLIO É FOTÓGRAFO.

sylv1rob1/Shutterstock

MARIA LUIZA É VETERINÁRIA.

Happy monkey/Shutterstock

paulista/Shutterstock

East/Shutterstock

Ikpro/Shutterstock

2 OBSERVE A FOTOGRAFIA E COMPLETE AS FRASES COM A PALAVRA ADEQUADA.

Fernando Favoretto/Criar Imagem

MOTORISTA DE ÔNIBUS, EM SÃO PAULO.

A) A FOTOGRAFIA MOSTRA UMA MULHER ....

DORMINDO	ESTUDANDO	TRABALHANDO

B) .... É UMA ATIVIDADE QUE DEVE SER FEITA SÓ POR ADULTOS.

ESTUDAR	TRABALHAR	BRINCAR

3 OBSERVE O QUADRO ABAIXO.

Ilustrações: Claudia Marianno/Arquivo da editora

A) AGORA, ESCREVA A PRIMEIRA LETRA DE CADA FIGURA E DESCUBRA ALGUNS NOMES DE PROFISSÕES.

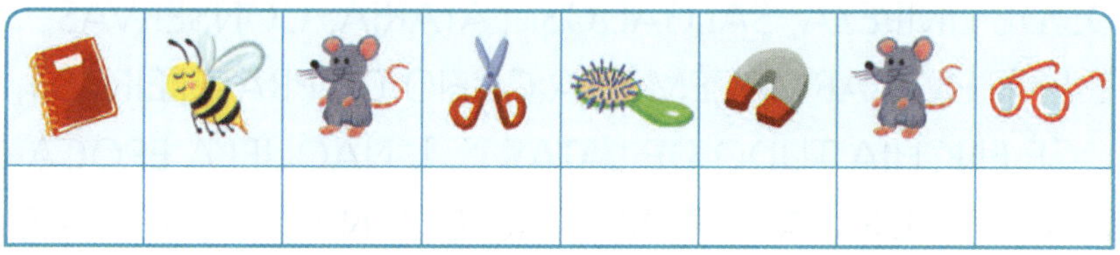

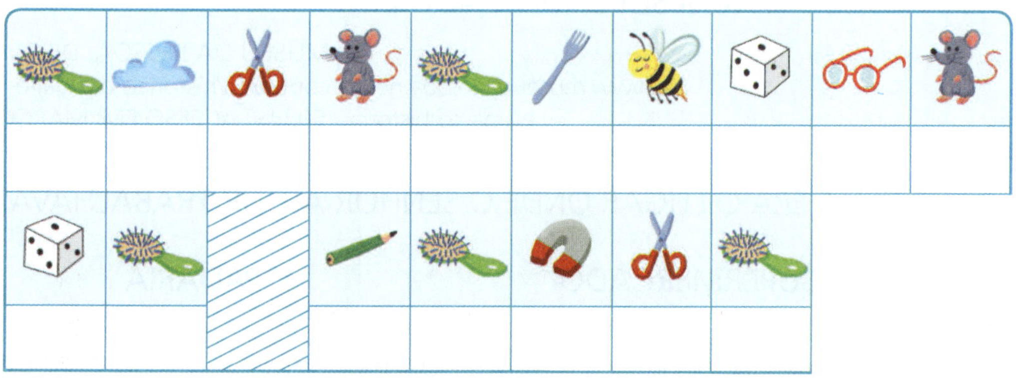

B) QUAL DESSAS PROFISSÕES ESTÁ DEIXANDO DE EXISTIR?

....

O COMÉRCIO

4 LEIA ESTE DEPOIMENTO DO SENHOR ARTUR SOBRE O SEU LOCAL DE TRABALHO NO PASSADO.

Milton Rodrigues Alves/Arquivo da editora

UM ARMAZÉM DE SECOS E MOLHADOS VENDIA CEREAIS, ARTIGOS DE LIMPEZA, SALGADOS, LATARIA, CONSERVAS, AZEITES [...]. ESSE ARMAZÉM ERA CHEIO DE PRATELEIRAS [...] QUE VOCÊ ENCHIA TUDO DE LATAS [...]. NAQUELA ÉPOCA O ARMAZÉM ERA DESSA FORMA, NÃO ERA NADA QUE HOJE VOCÊ VAI NUM SUPERMERCADO [...].

MUSEU DA PESSOA. DISPONÍVEL EM: <www.museudapessoa.net/pt/conteudo/historia/portugal-e-madureira-numa-so-historia-45024>. ACESSO EM: MARÇO DE 2018.

A) QUAL ERA O LUGAR ONDE O SENHOR ARTUR TRABALHAVA?

- [ ] SUPERMERCADO
- [ ] PADARIA
- [ ] ARMAZÉM
- [ ] FARMÁCIA
- [ ] ESCOLA

B) GRIFE NO TEXTO OS PRODUTOS QUE ERAM VENDIDOS NESSE LOCAL.

C) EXISTEM LUGARES COMO ESSE NO LUGAR ONDE VOCÊ MORA?

....

....

5 CHICO E SEU AVÔ PRECISAM COMPRAR PÃO, REMÉDIOS E ÓCULOS. COM O LÁPIS, TRACE UM CAMINHO PARA QUE ELES PASSEM PELOS LUGARES ONDE PODERÃO ENCONTRAR ESSES PRODUTOS.

André Valle/Arquivo da editora

INVENÇÕES QUE MUDARAM O DIA A DIA

6 **VEJA ALGUMAS INVENÇÕES QUE MUDARAM O DIA A DIA DAS PESSOAS.**

A) LIGUE CADA INVENÇÃO À FACILIDADE QUE ELA TROUXE PARA AS PESSOAS.

Nadir Keklik/ Shutterstock

Giannis Papanikos/ Shutterstock

Albert Karimov/Shutterstock

marco bonetti/ Shutterstock

ELETRODOMÉSTICO QUE PERMITE CONSERVAR OS ALIMENTOS POR MAIS TEMPO.

APARELHO QUE PERMITE A COMUNICAÇÃO COM QUEM ESTÁ DISTANTE.

MEIO DE COMUNICAÇÃO QUE REPRODUZ MÚSICAS E NOTÍCIAS.

MEIO DE TRANSPORTE QUE PERMITE CHEGAR MAIS RÁPIDO A LUGARES DISTANTES.

B) AGORA ENCONTRE E CIRCULE O NOME DESSAS INVENÇÕES NO DIAGRAMA.

S	B	E	C	E	L	U	L	A	R	A
C	X	L	S	Y	A	Z	D	M	E	V
G	E	L	A	D	E	I	R	A	P	I
R	C	A	P	I	E	N	O	N	J	Ã
R	Á	D	I	O	Z	W	N	D	Y	O

C) QUAIS INVENÇÕES VOCÊ CIRCULOU?

7 OBSERVE AS IMAGENS E LEIA AS LEGENDAS.

Paul Brady Photography/ Shutterstock

MÁQUINA DE ESCREVER ANTIGA.

Javier Crespo/ Shutterstock

APARELHO DE TELEFONE.

Bildagentur Zoonar GmbH/Shutterstock

CHARRETE.

A) ESSES OBJETOS SÃO ANTIGOS OU NOVOS?

....

B) ESCOLHA UM DESSES OBJETOS. DEPOIS PESQUISE EM JORNAIS, REVISTAS OU NA INTERNET FOTOS DE OBJETOS QUE OS SUBSTITUEM HOJE EM DIA. RECORTE E COLE AS FIGURAS NO ESPAÇO ABAIXO.

COMO VOU E COMO VENHO

8 LEIA O TRECHO DE UMA CANÇÃO DO MÚSICO BRASILEIRO TOQUINHO.

> SOU MAIS LIGEIRO QUE UM CARRO,
> CORRO BEM MAIS QUE UM NAVIO.
> SOU O PASSARINHO MAIOR
> QUE ATÉ HOJE VOCÊ NA SUA VIDA JÁ VIU.
> [...]
>
> TOQUINHO. O AVIÃO.
> **CASA DE BRINQUEDOS**. POLYGRAM, 1983.

- DE QUAL MEIO DE TRANSPORTE A LETRA DA CANÇÃO FALA?

....

A INVENÇÃO DA IMPRENSA

9 OBSERVE A IMAGEM ABAIXO. ELA REPRESENTA UM COPISTA.

Reprodução/Biblioteca Real Albert I, Bruxelas, Bélgica.

ILUMINURA RETRATANDO MONGE COPISTA NA FRANÇA, CERCA DE1450.

A) QUAL ERA A ATIVIDADE DO COPISTA?

☐ FAZER LIVROS IMPRESSOS. ☐ COPIAR OS LIVROS À MÃO.

B) QUE INVENÇÃO TORNOU A ATIVIDADE DO COPISTA DESNECESSÁRIA?

....